Gastronomie
&Saumon

Catalogage avant publication de Bibliothèque et Archives nationales du Québec et Bibliothèque et Archives Canada

Juneau, Jacques, 1947-
    Gastronomie & saumon
    (Cuisin'Art)
    ISBN 978-2-89696-022-4
    1. Cuisine (Saumon). 2. Livres de cuisine. I. Titre. II. Titre: Gastronomie et saumon.

TX748.S24J86 2012   641.6'92   C2012-940720-8

Nous reconnaissons l'aide financière du gouvernement du Canada par l'entremise du Fonds du livre du Canada (FLC) pour nos activités d'édition.

Nous remercions la Société de développement des entreprises culturelles du Québec (SODEC) pour son appui à notre programme de publication.

Infographie de la couverture : Nicole Brassard
Mise en pages : Nicole Brassard
Révision linguistique : Alain Beauchamp
Correction d'épreuves : Michèle Blais

Éditeur :
Les Éditions du Sommet inc.
Siège social et entrepôt
Complexe Lebourgneuf, bureau 125
825, boul. Lebourgneuf
Québec (Québec) G2J 0B9 CANADA
Tél. : 418 845-4045
Téléc. : 418 845-1933
Courriel : info@dusommet.com
Site Web : www.dusommet.com

Les Éditions du Sommet inc.
Bureau d'affaires
407-D, rue Principale
St-Sauveur-des-Monts (Québec)
J0R 1R4 CANADA
Tél. : 450 227-8668
Téléc. : 450 227-4240

ISBN : 978-2-89696-022-4

Dépôt légal : 2ᵉ trimestre 2012
            Bibliothèque nationale du Québec
            Bibliothèque nationale du Canada

Imprimé au Canada

Limites de responsabilité

L'auteur et l'éditeur ne revendiquent ni ne garantissent l'exactitude, le caractère applicable et approprié ou l'exhaustivité du contenu de ce programme. Ils déclinent toute responsabilité, expresse ou implicite, quelle qu'elle soit.

JACQUES JUNEAU

Gastronomie & Saumon

Du
Sommet

À mes parents,

Claire Saint-Pierre et Philippe Juneau,

qui m'ont transmis la passion pour la boréale.

Remerciements

J'aimerais tout d'abord remercier mes éditeurs, Alain Williamson et Pierre St-Martin, pour leur confiance et leur encouragement.

Je remercie également l'équipe des Éditions du Sommet pour sa présence, sa patience et son grand enthousiasme à construire la beauté dans ce livre. Merci à Amélie P. Bédard, Nadine Paquin et Nicole Brassard.

J'offre mes plus sincères remerciements à mon épouse, Jocelyne, pour son support et sa clair-voyance et qui a su, jour après jour, me guider dans la bonne direction.

Un grand merci à Alain Lemieux, Marc Leblanc, Michel Leblanc, Alain Leblanc, Claude Bernard, Claude Hamel, Dave Adams, Geneviève Fournier, Jean Gosselin, Angèle Gosselin, Christine Gosselin, Jean Brin-d'Amour, Yves Crête, Jean Perreault, Lyne Mc Murray, Jacques Houde, André Boucher, Mario Gasse, Danny Gasse, Éric Dubé, Lise Robin, Jonathan Gagnon, Mario Tessier, Normand Bond, Pierre-Louis Côté, Jean-Marc Dubé, Alain Bogdan, Ronald Raymond.

Je remercie les organismes de gestion des rivières à saumon qui nous ont accueillis pour la production de ce magnifique livre culinaire :

> Association des pêcheurs sportifs de la Bonaventure inc.
> et son directeur général, M. Ronald Cormier
>
> Société de gestion de la rivière Cap-Chat (SOGERCA)
>
> ZEC Destination Chic-Chocs
> et son directeur des opérations, M. Stéphane Cloutier
>
> Société de restauration et de gestion de la Nouvelle inc.
>
> Regroupement pour la restauration des 3 Rivières Pabos inc.
> et son directeur, M. Daniel Huard
>
> Société de gestion des rivières de Gaspé et Pavillon Saint-Jean,
> MM. Jean Roy et Éric Dubé
>
> ZEC Petite-Cascapédia
>
> Corporation de LACtivité Pêche Lac-Saint-Jean
> et son directeur général, M. Marc Archer

Préface

Mon ami Jouno,

Dieu du ciel, qu'est-ce qui m'arrive ? Jacques souhaite que je lui écrive un petit mot de présentation ? Difficile de rester insensible à Jouno, comme on l'appelle affectueusement dans son entourage. L'infatigable, l'increvable – pourtant il est gros comme un pou, mais ça ne veut rien dire –, l'artiste, le touche-à-tout : dessin, poésie, art culinaire, jardinage, horticulture mêlée à une très grande connaissance des plantes sauvages de nos sous-bois... Il excelle aussi en entomologie, il connaît la plupart des insectes qui servent de nourriture aux poissons par leur nom et leur étymologie latine, la pêche à la mouche, le montage de mouches, tout cela figure à son palmarès d'occupations « passionnelles ». Que dire de son habileté en tant que conférencier ! Il ne perd jamais une seconde de son temps, comme s'il devait exercer tous ses talents avant de passer la barrière de Saint-Pierre. J'ai à peine effleuré l'énumération de quelques-unes de ses aptitudes, mais soyez assuré que ce n'est que le dessus du panier de ce qui m'est venu spontanément à l'esprit. J'en arrive à croire, parfois, qu'il serait peut-être plus facile de souligner seulement ce qui ne retient pas son attention. Ce qui me fascine de ce grand personnage, c'est en quelque sorte la dualité qui, de passionné, le transforme en un être de poésie où la tendresse arrive à faire surface à tout moment. L'Artiste doit ici, nécessairement, s'écrire avec un grand « A ».

Doué, l'homme est animé par une volonté, celle de plaire au plus grand nombre dans cet univers qui rassemble une pléiade de saumoniers. Voilà donc qu'il nous présente dans les pages qui suivent une autre de ses multiples passions : la pêche. Il l'enjolive, sous des allures de fine gastronomie, un domaine où il excelle singulièrement. Les saumons qui ont servi de modèles pour les recettes qu'il nous offre proviennent de l'aquaculture. La remise à l'eau des saumons sauvages fait partie de son *alma mater* depuis fort longtemps. Homme de passion, il chérit plus que tout le plaisir de transmettre cet héritage au plus grand nombre possible d'amateurs de la vie. Non seulement *salmo salar* nous apparaîtra-t-il le plus princier des salmonidés, mais aussi une espèce dont il faut assurer la protection.

Le moins que l'on puisse dire avec ce livre, Jacques est sur la bonne voie !

André Boucher, ami de Jouno, le saumonier

Classification des poissons

Les saumons

Les saumons du Pacifique sont de grande qualité, quoique l'approvisionnement est moins accessible, surtout en poisson entier ou à l'état frais.

Le saumon de l'Atlantique est sûrement le plus savoureux des deux, et de nombreuses pisci-cultures en mer tendent à approvisionner les gourmets.

Le saumon de l'Atlantique (*Salmo salar*)

Le saumon est considéré comme anadrome, venant au monde en rivière et dévalant vers la mer pour y passer la majorité de sa vie. Il poursuit une très longue migration pour se rendre dans les riches pâturages au large du Groenland. Il revient en rivière pour y frayer et ses déplacements de l'eau salée à l'eau douce produisent des transformations physiologiques dans son organisme. À sa première visite en rivière, on lui attribue le nom de « madeleineaux » ou « castillons » et même « p'tit gris » ; il a alors passé environ un an en mer.

Il survit à la reproduction et retourne le printemps suivant à la mer. Il reviendra une seconde fois frayer avec, cette fois, un corps volumineux et une apparence argentée qui fait du saumon « le roi de nos eaux ». Les survivants retourneront en mer pour revenir une troisième et dernière fois sur la frayère.

La surpêche et la pollution, et principalement le déboisement abusif, ont contribué à la diminution du saumon indigène et l'espèce est des plus précaires. La plupart des pêcheurs sportifs gracient leur capture. La réglementation de pêche oblige souvent la remise à l'eau des gros géniteurs. Si vous rapportez un petit saumon à la maison – la gestion de certaines rivières le permet –, n'oubliez pas que vous avez un trésor gastronomique des plus précieux. Cuisinez-le avec tout le respect et la grandeur qui lui convient.

L'ouananiche (*Salmo salar ouananiche*)

Le saumon de l'Atlantique que l'on retrouve en eau douce, principalement les populations qui se sont développées sans accès à la mer, constitue une richesse inestimable au Québec et porte le nom de « ouananiche », nom amérindien montagnais signifiant « le petit égaré », du fait qu'il ne peut retourner à la mer. L'ouananiche est de dimensions un peu plus petites que le saumon de l'Atlantique.

L'ouananiche indigène du Lac St-Jean et de la Côte-Nord du Québec est la plus réputée tant pour sa saveur que pour la beauté de sa robe. De nombreux grands plans d'eau du Québec ont profité de l'ensemencement d'ouananiches d'élevage de souche indigène qui font la joie du pêcheur sportif. Celui-ci qui, à l'occasion, rapporte cette capture recherchée à la maison devrait la traiter avec douceur et grand respect... ce poisson disposant de si belles qualités gastronomiques.

Les saumons du Pacifique du Canada comprennent 5 espèces :

Chinook (*Quinnat*) ou saumon royal (*Oncorhynchus tshawytscha*)

Sockeye ou saumon rouge (*Oncorhynchus nerka*)

Coho ou saumon argenté (*Oncorhynchus kisutch*)

Saumon rose (*Oncorhynchus gorbuscha*)

Saumon kéta (*Oncorhynchus keta*)

Comme le saumon de l'Atlantique, le saumon du Pacifique est anadrome et revient frayer en rivière. Malheureusement, il décède après la reproduction car la difficile migration en rivière et les transformations physiologiques épuisent ses réserves d'énergie au point de le faire mourir.

La chair du saumon du Pacifique est de rose à orangé, selon les espèces, et sa valeur gustative varie d'une espèce à l'autre.

Le saumon chinook est le plus gros et le plus recherché, l'espèce indigène est fortement supportée par de l'élevage intensif. De 14 à 18 kg, on le retrouve frais, mais sa chair rose clair à orange foncé est surtout congelée, ou encore fumée, également très populaire.

Le saumon coho, de 2 à 4,5 kg, se retrouve principalement en conserve, mais on peut le retrouver frais. Sa chair rouge orangé est congelée et fumée.

Le saumon sockeye arbore une robe d'un beau rouge lors de la reproduction et présente une chair rouge mat, ferme. Il se retrouve principalement en conserve, offrant moins d'intérêt pour la gastronomie.

Les saumons rose et kéta ont une chair de moindre qualité et sont donc peu recherchés.

On classe aussi les poissons par le nombre de filets et leurs formes. En cuisine, la forme ronde des salmonidés est appelée « fusiforme » et permet de prélever deux filets. Tandis que les poissons plats, comme la plie ou le flétan, permettent 4 filets ; ces poissons sont classés dans la catégorie « rhomboïde » en raison de leur forme qui s'apparente au losange.

Les poissons se distinguent aussi de par la teneur en lipides de leur chair, c'est-à-dire les matières grasses. Lorsqu'ils contiennent moins de 10 % de matières grasses, on les nomme poissons maigres ; s'ils dépassent ce pourcentage, on parle alors des poissons gras. Le brochet, le doré et la sole sont considérés poissons maigres, tandis que le saumon et l'anguille, poissons gras.

L'anatomie des poissons

Un poisson est un animal vertébré à sang froid qui est pourvu de nageoires servant à sa locomotion.

Les noms des nageoires sont : dorsale, pectorales, pelviennes, anale et caudale. Le squelette du poisson est osseux ou cartilagineux, de petit volume si on le compare à ses muscles, c'est-à-dire à sa chair. La peau du poisson sécrète un mucus, une substance visqueuse qui permet l'adaptation de l'animal aux variations de température de l'eau.

Les écailles, de grosseurs et de formes variées, minimisent la friction et favorisent le glissement dans l'eau. On les gratte avant la cuisson. Les branchies, sous les opercules de chaque côté de la tête du poisson, sont les organes de la respiration qui retiennent l'oxygène de l'eau et le diffuse dans le sang. Ces organes se détériorent rapidement lors de la mort du poisson et on doit les retirer. Elles sont un indice de la fraîcheur du poisson.

L'œil doit être vif, transparent et bien ressortir pour indiquer la fraîcheur.

La chair doit être ferme au toucher et conserver une certaine élasticité.

Les écailles sont difficiles à enlever et brillantes.

Les branchies, si présentes, doivent être rouge vif, nettes et difficiles à soulever.

L'odeur, agréable, peu perceptible, sans excès d'iode.

La chair, de belle couleur caractéristique de l'espèce.

Les opérations préliminaires avant d'entreprendre la cuisson des poissons

ÉBARBER : consiste à supprimer les nageoires, habituellement à l'aide de ciseaux.

ÉCAILLER : enlever les écailles du poisson à l'aide d'un écailleur, d'une coquille ou d'un couteau. On commence de la queue en remontant jusqu'à la tête.

DÉPOUILLER, DÉPIAUTER, ÉCORCHER : arracher la peau à l'aide d'un couteau ou avec les doigts.

VIDER, ÉVISCÉRER : enlever les parties internes, soit par une incision à partir de l'anus en ouvrant le ventre, ou en sectionnant les branchies, ce qui permet d'atteindre les parties internes.

LAVER : à l'eau froide en nettoyant les parties internes et externes à l'eau courante. Laver au minimum.

NB   Pour un poisson frais capturé sur le plan d'eau situé près du chalet, on doit attendre quelques heures pour obtenir le meilleur de sa saveur. Le tenir au froid durant cette période de latence.

Les fibres musculaires d'un poisson fraîchement tué se figent temporairement en état de « *Rigor mortis* », rendant sa chair coriace et difficile à couper.

Comme le bœuf, le poisson a besoin de « mûrir ». Il faut entre 8 et 24 heures pour que la rigidité cadavérique prenne fin et que les enzymes commencent à produire des protéines, ce qui attendrira la chair et libérera les acides aminés, composantes essentielles de la saveur.

NB   Saturée d'enzyme, la chair des crustacés s'autodigérera en se liquéfiant au moment de la mort.

Les coupes

CISELER : pratiquer de petites incisions à 45 degrés sur la chair du poisson entier pour en faci-
liter la cuisson.

FILETER : action de lever les filets d'un poisson. Poser le poisson à plat sur une planche de tra-
vail. Tailler près de l'opercule, puis glisser délicatement la lame horizontalement le long de
l'arête jusqu'à la nageoire caudale.

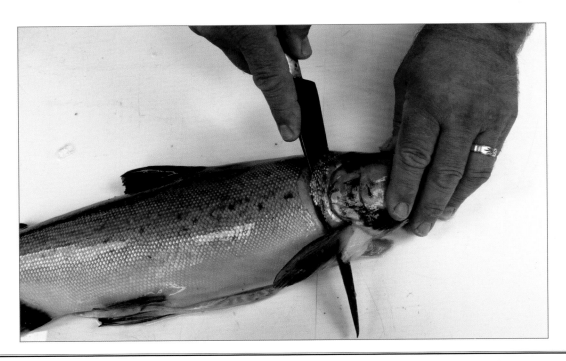

Dégager le filet en découpant sur les arêtes thoraciques pour faire un filet sans arête. Puis retourner le poisson et recommencer l'opération.

TRONÇONNER, COUPER EN DARNES : action de couper des tranches plus ou moins épaisses. Une darne présente 2 centimètres d'épaisseur, alors qu'un tronçon en aura 10 centimètres. Dans les deux cas, la peau est conservée.

ESCALOPER : couper de biais des morceaux de poissons ou filets plus ou moins gros.

Les techniques de cuisson

FRIRE : plonger le poisson en grande friture, en l'immergeant. La plupart du temps pané, dans une pâte à beignets, ou simplement enrobé de farine ; ex. : éperlans frits.

CUIRE À L'ANGLAISE : cuire dans une poêle le poisson déjà pané à l'anglaise, c'est-à-dire, fariné puis trempé dans le mélange d'œuf battu et de lait (à l'anglaise), et enrobé d'un mélange de panure assaisonné. Servir avec un beurre composé.

CUIRE À LA MEUNIÈRE : cuire un poisson fariné dans une poêle contenant du beurre et de l'huile. Puis l'arroser en fin de cuisson de beurre citronné ou beurre meunière juste avant le service.

GRILLER : cuire sur le gril ou le barbecue. Placer le poisson à mariner pour un laps de temps dans une marinade avant la cuisson.

POCHER : consiste à cuire le poisson soit à l'eau salée et citronnée, soit au court-bouillon (fumet). Ces poissons s'accompagnent de sauce hollandaise.

CUIRE AU PLAT : cuisson au four dans un plat utilisé à la fois comme ustensile de cuisson et plat de service.

Mouiller de fumet et de vin blanc à mi-hauteur et cuire au four. Retirer le poisson et réduire le jus de cuisson en liquide sirupeux, c'est-à-dire une glace.

CUIRE EN SAUCE : cuire à petit mouillement de vin blanc et fumet, à la poêle, et napper de sauce au service.

3 méthodes de confection de sauce :

Réduire la cuisson aux $^4/_5$, crémer, et réduire jusqu'à l'obtention d'une sauce qui nappe, montée au beurre.

Réduire la cuisson aux $^4/_5$, ajouter un peu de velouté de poisson et réduire jusqu'à l'obtention d'une sauce qui nappe, montée au beurre.

Lier la préparation chaude avec un peu de beurre manié. Épaissir jusqu'à l'obtention d'une sauce qui nappe, montée au beurre. Certains, pour lui donner plus d'onctuosité, ajoutent une petite quantité de sauce hollandaise.

AU BLEU : cette technique réservée seulement à la truite requiert l'utilisation d'une truite vivante. Cuisson au court-bouillon. Assommer la truite, la vider par les branchies, l'arroser de vinaigre, le mucus prendra alors une couleur bleuâtre. Plonger la truite dans le court-bouillon chaud jusqu'à sa cuisson complète.

BRAISER : cuire lentement au four, à feu doux, à court mouillement et à plat couvert.

Pour les gros poissons comme le saumon entier, servir nappé de sauce.

La rivière
Petite-Cascapédia

La rivière Petite-Cascapédia

La transparence exceptionnelle des eaux de cette rivière permet de facilement localiser le saumon dans les fosses. Les bonnes fosses productives sont sur fond de galets. C'est une autre de ces grandes beautés que vous réserve cette rivière. Venez les découvrir par vous-même.

Quadrillé de saumon et de doré, sauce aux chanterelles en tube

POUR 4 PERSONNES

Ingrédients

2 pavés de saumon de l'Atlantique

2 filets de doré

SAUCE

30 ml (2 c. à soupe) de ciboulette hachée et indigène de la Gaspésie (*Allium schoenoprasum var sibiricum*) que l'on retrouve sur les galets des rivières à saumon, ou de la ciboulette horticole. La ciboulette indigène peut être introduite dans votre jardin, promesse de cadeaux gastronomiques incomparables.

200 g (7 oz) de beurre

60 ml (¼ tasse) de vin blanc

Quelques gouttes de jus de citron

60 ml (¼ tasse) de crème 35 % ou 15 % à cuisson

60 ml (¼ tasse) de fumet de poisson

250 ml (1 tasse) de chanterelles en tube (petite chanterelle au pied jaune et au chapeau ocre que l'on retrouve sur la mousse humide de la forêt boréale, en bordure des cours d'eau)

Préparation

• Hacher la ciboulette et la faire suer avec du beurre. Mouiller de vin blanc et réduire presqu'à sec. Ajouter graduellement le beurre froid **tout** en fouettant pour rendre le mélange mousseux.

• Ajouter le jus de citron et passer le tout au chinois. Ajouter la crème, le fumet, et cuire pour atteindre la consistance désirée. Ajouter les chanterelles en tube déjà poêlées.

PRÉSENTATION

Cuire le quadrillé de poisson à l'étouffée (à la poêle avec un couvercle) et le servir accompagné de sa sauce et de jeunes carottes en fanes glacées au beurre et miel.

La rivière Bonaventure

La rivière Bonaventure

La rivière Bonaventure tient sa renommée internationale et légendaire du fait qu'elle est parmi les meilleures rivières pour la pêche du saumon en Atlantique Nord.

L'Association des pêcheurs sportifs de la Bonaventure Inc. met à la disposition des pêcheurs à la mouche plus de 90 fosses à saumons.

Pavé de saumon aux petites gourganes du Lac St-Jean et sa sauce beurre blanc au citron vert

POUR 4 PERSONNES

Ingrédients

4 pavés de saumon de l'Atlantique,
    cuits à l'unilatéral

36 gourganes blanchies,
    débarrassées de leur enveloppe
    et sautées au beurre

BEURRE BLANC AU CITRON VERT

2 échalotes

200 g (7 oz) de beurre

60 ml (¼ tasse) de vin blanc

Le jus d'une lime

Préparation

- Hacher les échalotes et les faire suer avec du beurre.

- Réduire à sec et ajouter graduellement le beurre froid tout en fouettant pour rendre le mélange mousseux.

- Ajouter le jus de lime et passer le tout au chinois.

- Sauce au beurre blanc :

      *Pour une sauce au beurre blanc, ajouter en quantité suffisante de la crème 15 % à cuisson.

Pavé de saumon aux petites poires et son sirop d'amélanchier

POUR 4 PERSONNES

Ingrédients

4 pavés de saumon de l'Atlantique

30 ml (2 c. à soupe) d'huile de sésame

2 poires Bartlett épépinées et coupées en 8 quartiers chacune

Facultatif : un peu de liqueur de poire Marie Brizard

1 échalote hachée finement

Sel et poivre du moulin

125 ml (½ tasse) de sirop d'amélanchier des Bioproduits de Sainte-Rita

POUR FAIRE LE SIROP SOI-MÊME :

1 kg (2,2 lb) de fruits d'amélanchier

1 litre (4 tasses) d'eau

Méthode pour réaliser le sirop

• Faire bouillir en douceur pendant 15 minutes et laisser reposer 2 heures. Filtrer et ajouter l'équivalent en sucre de la moitié du poids de liquide filtré. Cuire pendant 30 minutes et déposer dans des bouteilles stérilisées.

Préparation

• Préparer un mélange sirop d'amélanchier et huile de sésame, en badigeonner ensuite les pavés de saumon avec la moitié. Saisir les pavés à la poêle et terminer la cuisson au four à 175° C (350° F), environ 7 minutes. Faire caraméliser dans la poêle le fond de cuisson des pavés et les quartiers de poires dans le reste du mélange sirop et huile.

Présentation

Le pavé est accompagné de petites poires sauvages d'amélanchiers (amélanches) glacées au beurre et sirop d'érable, de son sirop et de ses poires caramélisées.

Saumon mariné, pané aux graines de pavot et sa concassée de tomates

POUR 4 PERSONNES

Ingrédients

200 g (7 oz) de saumon de l'Atlantique

75 g (3 oz) de graines de pavot

1 oignon moyen

2 tomates, 2 gousses d'ail

MARINADE

100 g (4 oz) de sel de mer, un peu de gingembre sauvage râpé, frais ou en poudre

150 g (5 oz) de sucre, cassonade ou flocons d'érable

125 ml (½ tasse) d'huile d'olive

Préparation

- Couvrir la viande de la marinade et réfrigérer pendant 8 heures.

- POUR LA CONCASSÉE : monder, éplucher, épépiner et tailler en brunoise les tomates. Faire revenir l'oignon et l'ail dans l'huile et ajouter les tomates, le thym citronné ; assaisonner de sel, poivre du moulin et d'un peu de sucre. Continuer la cuisson jusqu'à évaporation de l'eau des tomates.

PRÉSENTATION

Détailler le saumon en rectangles et paner le dessus de graines de pavot (bleu). Y déposer une quenelle de concassée de tomates et quelques traits de balsamique. Petit mesclun et tomate cerise bonifient le plat.

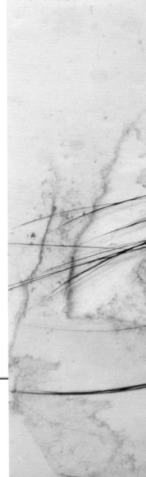

La rivière
Cap-Chat

La rivière Cap-Chat

Cette rivière prend sa source au sein même des Chic-Chocs. D'une grande transparence, elle permet, sur son lit de gravier, la remontée de très gros saumons.

Ce cours d'eau exceptionnel a survécu grâce aux efforts des gens du milieu fortement dédiés à la cause du saumon de l'Atlantique.

Aujourd'hui, cette perle de rivière offre une pêche de qualité, dans un décor magnifique.

Moules à la mousse de saumon

Pour 4 personnes

Ingrédients

20 moules

200 g (7 oz) de saumon

30 ml (2 c. à soupe ou ⅛ tasse) de cognac

1 échalote

2 blancs d'œufs

1 pincée de poivre de Cayenne ou piment d'Espelette

125 ml (½ tasse) de crème 35 %

Sel et poivre du moulin

Préparation

- Réaliser la mousse de saumon en incorporant dans le robot mélangeur, la chair de saumon, le cognac, l'échalote, les blancs d'œufs et la crème ; assaisonner de sel, poivre et piment d'Espelette.

- Former un mélange homogène et réserver au frigo.

- Laver et nettoyer les moules. Les faire cuire à feu vif jusqu'à ce qu'elles s'ouvrent et les retirer ensuite de leurs coquilles.

- Étaler la mousse à la cuillère sur l'une des coquilles, puis y placer une moule.

- Poser la deuxième coquille sur celle déjà remplie, les refermer et les attacher ensemble avec une soie dentaire.

- Pocher les moules environ 5 minutes.

- Enlever une coquille et dresser dans une assiette de présentation.

Sauce

10 g (2 c. à thé) de beurre

1 échalote

15 ml (1 c. à soupe) de vin blanc

80 ml (⅓ tasse) de fumet de cuisson des moules farcies

125 ml (½ tasse) de crème 15 % à cuisson

Sel et poivre du moulin

Parfait d'esturgeon et mousse de saumon

POUR 4 PERSONNES

Ingrédients

125 ml (½ tasse) de fumet de poisson

15 ml (1 c. à soupe) de riesling mousseux
   ou champagne

Fécule de maïs

200 g (7 oz) d'esturgeon de l'Atlantique
   fumé d'Esturgeon et Caviar d'Acadie inc.

4 feuilles de gélatine ou 1 sachet (7 g) de
   gélatine en poudre

250 ml (1 tasse) de crème 35 %

Sel de mer et poivre du moulin

Préparation

• Porter à ébullition le riesling et le fumet et lier
   avec de la fécule diluée dans de l'eau froide. Réserver au froid.

• Enlever la peau et les parties sombres de l'esturgeon. Passer la chair au robot mélangeur et
   incorporer la sauce refroidie. Réserver au froid. Fouetter la crème, l'ajouter délicatement à
   la préparation d'esturgeon. Saler et terminer avec la gélatine dissoute.

• Verser le parfait en terrine et réserver au froid.

• Refaire la même recette une seconde fois en utilisant du gravlax de saumon. Emplir la
   terrine et réserver au froid pendant 3 heures.

Rose de saumon fumé sur craquelin de sésame grillé

POUR 4 PERSONNES

Ingrédients

350 g (12 oz) de saumon fumé Saint-Antoine de Baie-Saint-Paul,
un saumon fumé à froid, saumuré à sec et légèrement fumé
à froid sur planchette de bois

Fleur de sel et poivre du moulin

SAUCE À LA CRÈME CITRONNÉE

125 ml (½ tasse) de crème 35 %

Un peu de jus d'un citron

Préparation

- Monter légèrement la crème
et ajouter un peu de jus de citron.

PRÉSENTATION

Déposer une rose de saumon sur un craquelin de sésame.
Placer entre deux suprêmes de citron une tige de thym citronné
ou d'aneth.

Poser sur un rond de sauce une quenelle de caviar du Nouveau-
Brunswick de chez Esturgeon et Caviar d'Acadie inc. ou l'équivalent.
Parsemer l'assiette de sel floral de l'entreprise Florasel, un sel de couleur
lavande composé de sel de mer et de fleurs comestibles.

La rivière
Métabetchouane

La rivière Métabetchouane

Ce joyau de rivière dédié à la pêche à l'ouananiche à la mouche est une des rivières qui se déversent dans le lac Saint-Jean. Je suis particulièrement sensible au charme de cette rivière. Jadis le Trou de la Fée faisait partie des terres agricoles de mon grand-père ; et j'y suis né !

Ouananiche laquée au miel et Pernod, pacanes glacées et mini aubergines et courgettes jaunes grillés

Ce plat est présenté par le chef Ronald Raymond

POUR 4 PERSONNES

Ingrédients

4 filets ou pavés d'ouananiche

36 pacanes

1 mini aubergine

1 mini courgette jaune

125 ml (½ tasse) de miel

60 ml (¼ tasse) de sauce soya

60 ml (¼ tasse) de Pernod

Préparation

- Porter à ébullition le miel, la sauce soya, le Pernod et cuire jusqu'au petit boulé. Laquer le filet ou le pavé d'ouananiche de la préparation et cuire sur le gril.

- Glacer les pacanes à la poêle avec un peu de préparation à laquer et réserver au chaud.

- Cuire des tranches d'aubergines et de courgettes sur le gril.

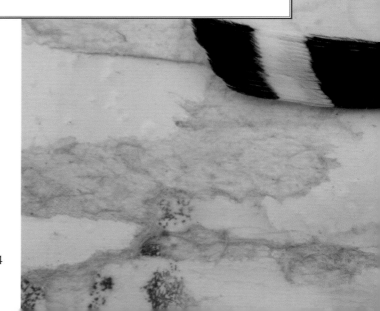

Éclairs et profiteroles mousse au chocolat

Ingrédients

1 recette de pâte à choux fine

375 ml (1½ tasse) crème 35 %

1 gousse de vanille

60 g (2 oz) de poudre de cacao « Plein arôme » de Cacao Barry

120 g (4 oz) de sucre

Préparation de la pâte à choux

125 ml (½ tasse) d'eau

55 g (¼ tasse) de beurre ou margarine

125 ml (½ tasse) de farine tout usage (forte)

2 œufs

Faire fondre le beurre dans l'eau. Saupoudrer la farine et cuire pour former une pâte qui se détache du fond et des parois du chaudron. Laisser refroidir et ajouter les œufs un à un dans la préparation tiède tout en brassant. Coucher sur une plaque de petits profiteroles et des éclairs à l'aide d'un sac à décorer et d'une douille ronde. Enfourner dans un four à la température de 180° C (350° F) durant environ 25 minutes. Cuire et réserver à la température de la pièce.

Préparation de la mousse au chocolat

Faire macérer le cacao, le sucre et la vanille dans la crème pendant 12 heures et passer au siphon. En remplir les profiteroles et les éclairs.

GANACHE AU CHOCOLAT

170 g (6 oz) de couverture de chocolat noir

125 ml (½ tasse) de crème 35 %

Amener la crème à ébullition et ajouter la couverture fondue. Bien mélanger et réserver.

Napper de la ganache au chocolat.

La rivière Nouvelle

La rivière Nouvelle

Située en Gaspésie, entourée de montagnes majestueuses, la rivière Nouvelle offre un paysage grandiose où le pêcheur se retrouve dans un environnement enchanteur.

Un séjour de pêche sur la rivière Nouvelle vous fera vivre des sensations fortes avec des captures de truites de mer géantes, ou encore, livrer un combat digne de mention entre « *Salmo salar* » et vous !

Canapés au saumon fumé à l'ancienne

POUR 4 PERSONNES

Ingrédients

225 g (8 oz) de saumon fumé à l'ancienne des fumoirs Atkins

Mayonnaise maison aux œufs de caille

Sel et poivre du moulin

Le jaune d'un œuf cuit dur

Caviar d'œufs de saumon de l'Atlantique

1 recette de pâte à choux d'office (de cuisine)

Préparation de la pâte à choux

125 ml (½ tasse) d'eau

55 g (¼ tasse) de graisse

125 ml (½ tasse) de farine tout usage (forte)

2 œufs

Faire fondre la graisse dans l'eau, saupoudrer la farine et cuire pour former une pâte qui se détache du fond et des parois du chaudron. Laisser refroidir et ajouter les œufs un à un dans le mélange tiède tout en brassant. Coucher sur une plaque de petits profiteroles à l'aide d'un sac à décorer et d'une douille. Enfourner dans un four à la température de 180° C (350° F) durant environ 25 minutes. Réserver.

MAYONNAISE MAISON AUX ŒUFS DE CAILLE

8 jaunes d'œufs de caille

5 ml (1 c. à thé) de moutarde de Dijon

15 ml (1 c. à soupe) de vinaigre de Xérès

125 ml (½ tasse) d'huile de canola

Il est facile de faire cette émulsion froide au robot mélangeur en employant les aliments à la température de la pièce. Placer les jaunes d'œufs, la moutarde et le vinaigre dans un bol. Fouetter énergiquement au robot et ajouter l'huile goutte à goutte au mélange tout en continuant à fouetter. Puis, en mince filet, augmenter le débit quand l'émulsion semble bien réalisée. Assaisonner de sel, poivre blanc et une goutte de Tabasco.

Préparation des canapés

Pour faire les canapés, placer le saumom fumé au robot mélangeur pour défaire la viande. Incorporer de la mayonnaise maison aux œufs de caille pour obtenir une préparation souple. Dresser au sac à décorer, à l'aide d'une douille cannelée, la farce sur les petits choux fendus en deux. Dresser au sac un mélange de jaune d'œuf dur et mayonnaise maison sur la farce de saumon. Couronner le sommet d'un œuf de caviar de saumon de l'Atlantique.

CAVIAR DE SAUMON DE L'ATLANTIQUE OU DE TRUITE

250 ml (1 tasse) d'œufs de saumon ou de truite

30 ml (2 c. à soupe) de fleur de sel

Bien laver les œufs, les assécher et les saupoudrer de sel. Placer au refrigérateur pour 4 heures en les remuant de temps en temps. Puis rincer les œufs à l'eau froide pour enlever le sel et les mettre en pot. Placer au froid où ils se conserveront 2 semaines.

Duo de potage Freneuse et potage Argenteuil

POUR 4 PERSONNES

Ingrédients pour le potage purée Freneuse

30 g (2 c. à soupe) de beurre

1 échalote

250 ml (1 tasse) de navet émincé

375 ml (1½ tasse) de fond blanc de volaille

Sel, poivre du moulin et quantité suffisante
de crème 15 % à cuisson

Préparation

- Suer l'échalote hachée et les navets au beurre.
Mouiller avec le fond blanc. Cuire et passer au
mélangeur ou au robot. Crémer et assaisonner.

Ingrédients pour le potage crème Argenteuil

60 g (¼ tasse) de beurre

60 g (¼ tasse) de farine tout usage

175 g (6 oz) de pointes d'asperges

30 ml (⅛ tasse) d'oignon vert ciselé

1 litre (4 tasses) de fond blanc de volaille

60 ml (¼ tasse) de crème 35 %

Préparation

- Suer l'oignon vert dans le beurre, puis saupoudrer
la farine. Mouiller avec le fond, ajouter les pointes
d'asperges, assaisonner et cuire. Passer au robot
mélangeur, filtrer si besoin, et crémer.

PRÉSENTATION

Verser ensemble les deux potages dans un bol et tracer
une ligne de basalmique.

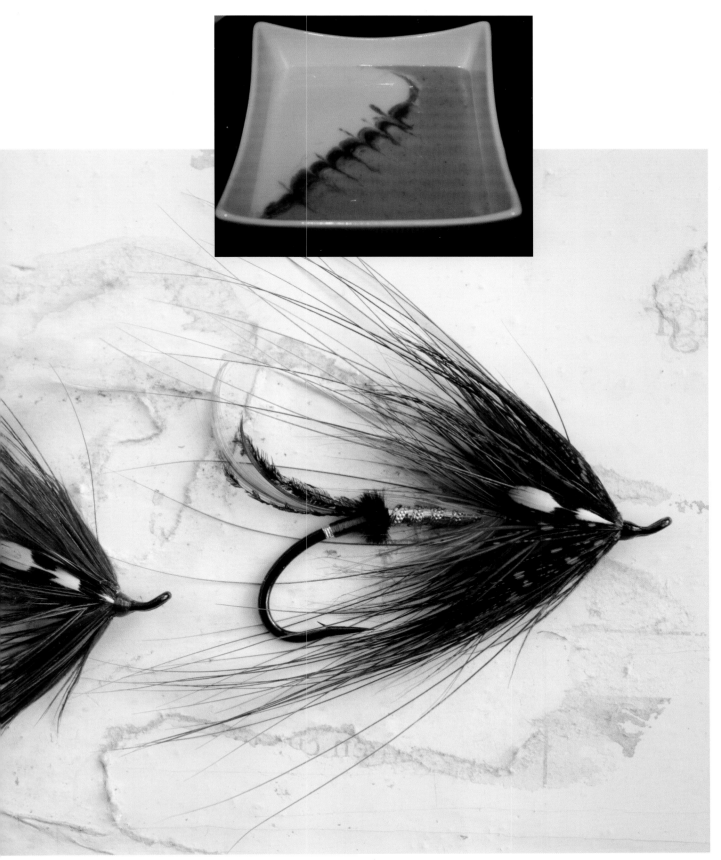

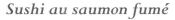

Sushi au saumon fumé

Pour 4 personnes (3 rouleaux donnent 18 portions)

Ingrédients

3 feuilles de nori

200 g (1 tasse) de riz calrose ou sushi rose

500 ml (2 tasses) d'eau

250 g (8 oz) de saumon fumé

1 œuf pour faire une petite omelette mince assaisonné de soya

1 avocat mûr

Julienne de poivron rouge

Julienne de feuilles d'oignon vert

Wasabi et gingembre mariné

VINAIGRE POUR LE RIZ À SUSHI

40 ml (3 c. à soupe) de vinaigre de riz

4 ml (¾ c. à thé) de sel

15 ml (1 c. à soupe) de sucre

15 ml (1 c. à soupe) de mirin

Préparation

- Cuire le riz dans l'eau jusqu'à absorption du liquide. Faire le vinaigre en portant à chaud les ingrédients et réserver. Déposer le vinaigre dans le riz tiède et conserver cette préparation à la température de la pièce. Déposer une boule de riz d'environ 120 g (4 oz) sur une feuille de nori déjà posée sur un tapis de bambou. Étendre le riz en une couche mince, poser un trait de wasabi puis des juliennes d'omelette, d'avocat, de saumon fumé, d'oignon vert et de poivron rouge.

- Rouler le tapis vers l'avant et serrer la suite du tapis sur le dessus en pressant pour donner sa forme cylindrique. Réserver au froid et tailler en sections lors du service. Parsemer de corail de homard accompagné de gingembre mariné et de wasabi.

Glace aux œufs

Ces gourmandises nous sont présentées par Jean-Marc Dubé, maître glacier

Ingrédients

BASE AUX ŒUFS

1 litre (4 tasses) de lait

6 jaunes d'œufs

250 g (9 oz) de sucre

Pour les différents parfums, à partir de la base aux œufs, ajouter l'équivalent de 30 % du poids de la préparation aux œufs :

De la pâte de pistache 100 %, pour la glace aux pistaches

De la crème de marron, pour la glace aux marrons

Du chocolat 55 %, pour la glace au chocolat

Préparation

- Porter à ébullition le lait et les ¾ du sucre. Fouetter les jaunes d'œufs avec le sucre restant, les blanchir et monter en ruban. Verser sur le lait chaud et continuer la cuisson en douceur pour atteindre une consistance semblable à une crème anglaise. Ajouter les différents parfums, refroidir et mettre en sorbetière.

Sorbet aux fruits (poires, fruits de la passion et fraises)

Ces gourmandises nous sont présentées par Jean-Marc Dubé, maître glacier

Ingrédients

Sirop de base

1 litre (4 tasses) d'eau

650 g (1½ lb) de sucre

200 g (7 oz) de glucose

Préparation

- Faire bouillir les ingrédients pendant 5 minutes et ajouter de la purée de fruits non sucrée au sirop, dans la proportion de 60 % du poids du sirop. Pour plus de précision, vérifier avec un réfractomètre indiquant 28 %. Équilibrer la préparation en ajoutant de la purée ou de l'eau selon les besoins. Refroidir et mettre en sorbetière.

Présentation

Sorbets accompagnés de coulis aux fraises et aux framboises.

La rivière Sainte-Anne

La rivière Sainte-Anne

Une rivière avec une eau de qualité exceptionnelle reconnue pour sa limpidité et sa fraîcheur.

*Cannelloni de betterave, mousse de maquereau fumé
et mousse aérienne de betterave*

Une recette qui est présentée par le chef Ronald Raymond

POUR 4 PERSONNES

Ingrédients

2 filets de maquereau fumé au poivre de Malabar des fumoirs Atkins
Crème 35 %

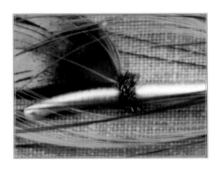

Méthode

Cannelloni de betterave

500 ml (2 tasses) de jus de betterave

5 g (1 c. à thé) d'agar-agar

• Faire cuire 2 à 3 betteraves. Après cuisson, retirer et filtrer le jus. Ajouter gingembre, sel et poivre. Verser sur une plaque pour obtenir une épaisseur d'environ 3 à 5 mm. Laisser refroidir. Couper pour faire des carrés de 8 à 10 cm (3 à 4 po), et faire un cylindre avec une bande qui sera farci avec la mousse de maquereau fumé.

Mousse de maquereau fumé

100 g (4 oz) de mirepoix de légumes

5 ml (1 c. à thé) de beurre

100 g (4 oz) de chair de maquereau fumé

Une petite pincée de safran

Crème 35 %

• Suer la mirepoix, ajouter les autres aliments et cuire quelques minutes. Passer au robot mélangeur. Remplir un siphon et farcir le cylindre de betterave.

Mousse de betterave

60 g (2 oz) de betterave rouge cuite

100 ml (⅓ tasse) d'eau

30 ml (2 c. à soupe) de crème 35 %

1 g (¼ c. à thé) de lécithine de soja

• Pour la mousse de betterave, placer la betterave, l'eau et la crème dans une casserole ; amener à ébullition et ajouter 1 g (¼ c. à thé) de lécithine de soja pour produire l'émulsion. Faire mousser en une écume solide, à l'aide d'un robot mélangeur.

Danny Gasse et son saumon en papillote sur braise...

Les gens de la rivière Sainte-Anne utilisent depuis longtemps cette technique des plus conviviales, un prétexte pour se réunir sur la grève.

Saumon à l'érable sur mesclun et sa vinaigrette aux bleuets

POUR 4 PERSONNES

Ingrédients

Salade de mesclun

36 bouchées ou 250 g de saumon au sirop d'érable des fumoirs Atkins

(cubes de saumon enrobés de sirop d'érable et fumés à chaud)

VINAIGRETTE AUX BLEUETS

250 ml (1 tasse) de bleuets sauvages

125 ml (½ tasse) d'huile d'olive

60 ml (¼ tasse) de vinaigre de cidre

1 gousse d'ail ou fleur d'ail

3 ml (½ c. à thé) de poivron vert haché

3 ml (½ c. à thé) d'oignon haché

3 ml (½ c. à thé) de sucre

Préparation

• Passer les ingrédients de la vinaigrette au robot mélangeur pour produire l'émulsion.

Mesclun

Chicorée, laitue frisée rouge, arroche des jardins, feuilles de moutarde… fleurs de

capucine et de moutarde.

Spaghetti aux canneberges et carpaccio de saumon, mousse de roquette

POUR 4 PERSONNES

Ingrédients

Carpaccio de saumon des fumoirs Atkins, ou faire la recette suivante :

250 g (8 oz) saumon fumé Atkins et frères

75 ml (⅓ tasse) de jus de citron

75 ml (⅓ tasse) d'huile d'olive

10 ml (2 c. à thé) d'aneth frais haché (5 ml / 1 c. à thé séché)

5 ml (1 c. à thé) de graines d'aneth

2 échalotes françaises hachées

5 ml (1 c. à thé) de sel de mer

10 ml (2 c. à thé) de poivre du moulin

30 ml (2 c. à soupe) de sirop d'érable

Méthode

• Étendre le mélange sur les tranches de saumon fumé et laisser macérer une heure au réfrigérateur.

Spaghetti aux canneberges

250 ml (1 tasse) de jus de canneberge

85 g (3 oz) de sucre en poudre

4 g de carraghénane ou d'agar-agar

Préparation

• Porter à ébullition le jus, le sucre et ajouter l'agar-agar. Continuer la cuisson en fouettant pour bien mélanger. Reposer à la température de la pièce, puis utiliser une seringue alimentaire et un tube flexible en silicone pour absorber le liquide dans ce tube. Plonger le tube plein dans de l'eau glacée en conservant les extrémités à l'extérieur du bol d'eau. La gélification rapide du liquide va former le spaghetti que vous extrayez en poussant de l'air dans le tube à l'aide de la seringue.

Mousse de roquette

60 g (2 oz) de roquette

60 ml (¼ tasse) de fond blanc

45 ml (3 c. à soupe) de crème 35 %

1 g (¼ c. à thé) de lécithine de soja

• Pour l'écume de roquette, placer la roquette, l'eau et la crème dans une casserole. Cuire et ajouter 1 g (¼ c. à thé) de lécithine de soja pour produire l'émulsion. Faire mousser en une écume solide à l'aide d'un robot mélangeur.

La rivière Saint-Jean et la rivière York

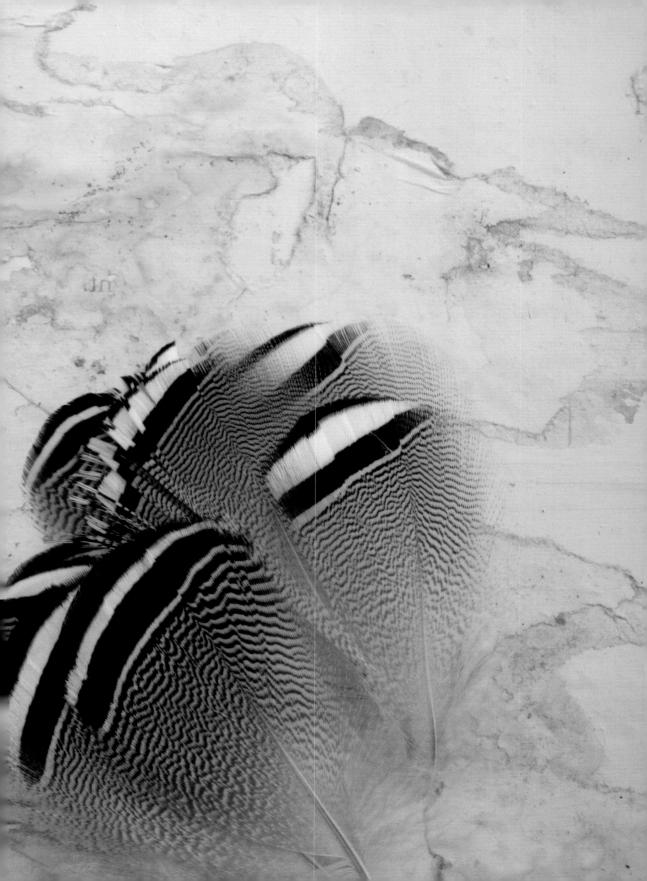

La rivière Saint-Jean

Le luxueux pavillon constuit sur les rives de la Saint-Jean se veut un haut lieu de la gastrononmie à Gaspé.

La beauté de ces paysages n'a d'égal que la qualité de la pêche qu'on y retouve.

La rivière York

Cette rivière de Gaspé, reconnue pour la qualité de son eau, fait l'envie des saumoniers qui rêvent de se retrouver sur les rives de ses splendides fosses à saumon.

Tartelettes de tomates confites et d'escargots, crème au pesto

Une recette présentée par le chef Pierre-Louis Côté, du Pavillon Saint-Jean

POUR 6 PERSONNES

Ingrédients

3 tomates mondées,
    coupées en deux et épépinées

Huile d'olive

Thym frais

Ail

Sucre

Sel et poivre

250 ml (1 tasse) de crème 35 %

60 ml (¼ tasse) de pesto

Sel et poivre

1 boîte de 36 escargots (rincés)

6 disques de pâte feuilletée ou tartelettes

Méthode

Tomates confites

 Déposer les tomates sur une plaque, côté tranché vers le haut. Saler, poivrer, saupoudrer le sucre et le thym sur les tomates et remplir les cavités avec l'huile d'olive. Mettre au four à 160°C (325°F) pendant 2 h à 2 h 30.

Crème au pesto

• Amener la crème au point d'ébullition, ajouter le pesto et les escargots, saler et poivrer.

PRÉSENTATION

Dans une assiette, déposer un disque de pâte feuilletée, ajouter une tomate confite, mettre 6 escargots et napper de crème au pesto. Ajouter quelques feuilles de basilic en décoration.

Maquereau fumé de Pierre-Louis sur lit de mesclun

Une recette présentée par le chef Pierre-Louis Côté, du Pavillon Saint-Jean

Ingrédients

2,27 kg (5 lb) de maquereau

250 ml (1 tasse) de gros sel

250 ml (1 tasse) de cassonade

60 ml (¼ tasse) de vinaigre de cidre

60 ml (¼ tasse) de sauce soja Kikkoman

5 ml (1 c. à thé) d'origan

5 ml (1 c. à thé) de poivre concassé

2 feuilles de laurier

125 ml (½ tasse) de scotch

125 ml (½ tasse) de sirop d'érable

1 litre (4 tasses) d'eau

1 petit oignon émincé

Méthode

• Mettre tous les ingrédients, excepté les oignons, dans une casserole. Amener au point d'ébullition et laisser mijoter à couvert pendant 10 min. Retirer du feu et ajouter l'oignon émincé. Quand la marinade est refroidie, la verser sur les filets de maquereau et laisser mariner pendant 8 heures. Bien assécher les filets et les faire fumer à chaud pendant 2 heures.

PRÉSENTATION

Servir accompagné de rondelles d'oignon rouge, câpres, tomate cerise et petit mesclun.

Pavé de saumon, coulis de poivrons grillés

Une recette présentée par le chef Pierre-Louis Côté, du Pavillon Saint-Jean

POUR 6 PERSONNES

Ingrédients

6 pavés de saumon avec la peau (écaillée)

2 poivrons rouges grillés émincés

60 ml (¼ tasse) de vin blanc

1 échalote grise

375 ml (1½ tasse) de fond blanc de volaille ou
    de bouillon de poulet

Sel et poivre

Préparation

SAUCE

• Faire réduire à sec le vin et l'échalote. Ajouter
le bouillon de poulet et les poivrons. Amener au
point d'ébullition et laisser réduire de moitié.
Passer au mélangeur et rectifier l'assaisonnement.

PRÉSENTATION

Sur une assiette chaude, déposer le pavé de
saumon déjà grillé accompagné de sa sauce,
d'une asperge blanchie et sautée au beurre et
de rondelles de poivrons sautés au beurre.

Gâteau aux dattes et chocolat

Une recette présentée par le chef Pierre-Louis Côté, du Pavillon Saint-Jean

Ingrédients

375 ml (1½ tasse) d'eau bouillante

250 ml (1 tasse) de dattes hachées

5 ml (1 c. à thé) de bicarbonate de soude

170 g (¾ tasse) de beurre ramolli

250 ml (1 tasse) de sucre

1 œuf

5 ml (1 c. à thé) de vanille

500 ml (2 tasses) de farine

30 ml (2 c. à soupe) de poudre de cacao « Plein arôme » de Cacao Barry tamisée

10 ml (2 c. à thé) de poudre à pâte

60 ml (¼ tasse) de sucre

60 ml (¼ tasse) de noix

125 ml (½ tasse) de pépites ou de pistoles de chocolat

Préparation

• Verser l'eau sur les dattes et le bicarbonate de soude. Cuire. Battre en crème le beurre et la tasse de sucre. Incorporer l'œuf et la vanille. Combiner la farine avec le cacao et la poudre à pâte dans un autre bol. Ajouter ce mélange au premier en alternant avec le mélange de dattes.

• Verser ce mélange dans un moule à cheminée graissé et fariné. Saupoudrer le sucre, les noix et les pépites de chocolat sur le gâteau et cuire à 180 °C (350 °F) environ 45 minutes. Laisser refroidir avant de démouler.

Les trois rivières
Pabos

Les trois rivières Pabos

Revenues du néant à leur nature d'antan, ces trois rivières ont des caractères différents. Que ce soit dans une douce vallée ou au creux de falaises escarpées, toutes sont des oasis de paix à la beauté innée et aux ressources insoupçonnées. Dans leurs eaux cristallines, saumons et pêcheurs se contemplent et se confrontent. Quelle que soit l'issue du combat, on y prend toujours un moment de bonheur.

Grand Pabos Nord

Grand Pabos Ouest

Médaillon de saumon sauce d'asperges et caviar

POUR 4 PERSONNES

Ingrédients

4 pavés de saumon

6 asperges vertes

150 g (6 oz) de beurre

50 ml (¼ tasse) de crème 35 %

15 ml (1 c. à soupe) de caviar
«Acadian Caviar»

Préparation

POUR LA SAUCE

• Cuire les asperges dans un fond blanc, assaisonner, passer au robot mélangeur et crémer. Cuire pour atteindre la consistance désirée ou faire une liaison au beurre manié. Puis monter au beurre. Ajouter un peu de caviar d'esturgeon ou de saumon.

PRÉSENTATION

Cuire le saumon à l'unilatéral et le déposer sur une assiette chaude accompagné de sa sauce, de grains de baies roses et de caviar d'esturgeon.

Saumon Monsieur Émile sur lit de mesclun et Saint-Jacques à la ratatouille

POUR 4 PERSONNES

Ingrédients

250 g (9 oz) de saumon fumé « Monsieur Émile »

Petit mesclun

8 gros pétoncles des Îles-de-la-Madeleine

50 g (2 oz) d'oignon

50 g (2 oz) de courgette

50 g (2 oz) d'aubergine non pelée

100 g (4 oz) de poivron rouge

100 g (4 oz) de poivron vert

50 g (2 oz) de chair de tomate

1 bulbe d'ail des bois

Huile de basilic

Huile d'olive et basilic

Préparation

- Chauffer un peu d'huile d'olive, ajouter le basilic effeuillé et passer au robot mélangeur.

- Tailler les légumes en brunoise et les sauter à la poêle en ajoutant la tomate en fin de cuisson.

- Sauter les pétoncles dans un peu d'huile, une minute chaque coté et les citronner. Réserver au chaud.

- Faire une rose de saumon fumé et la déposer sur un lit de mesclun.

- Placer les pétoncles sur la ratatouille et ajouter un peu d'huile de basilic.

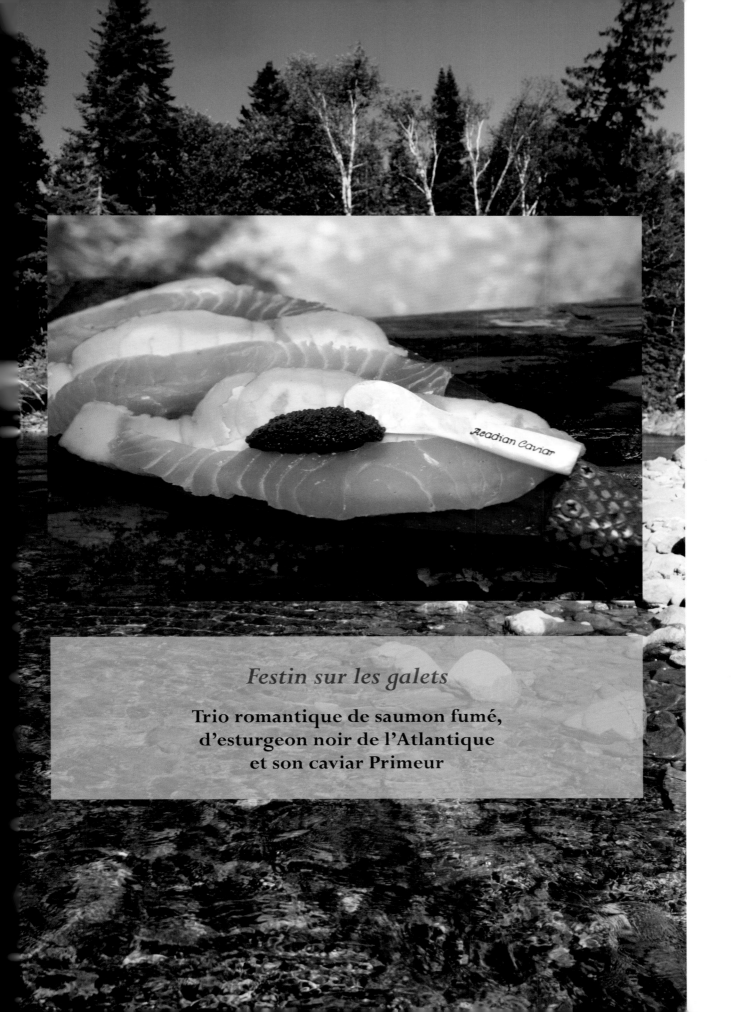

Festin sur les galets

**Trio romantique de saumon fumé,
d'esturgeon noir de l'Atlantique
et son caviar Primeur**

Percé

et

Sainte-Anne-des-Monts

Percé

et

Sainte-Anne-des-Monts

Feuilleté de homard fumé et pétoncles aux herbes salées Bio-Jardins Rocher-Percé

Une recette présentée par le chef Normand Bond, du Riôtel Percé

POUR 4 PERSONNES

Ingrédients

2 homards fumés, produits par les fumoirs des frères Atkins, spécialement pour Riôtel Percé, ou fumer vous-même à chaud les homards dans un fumoir domestique

12 pétoncles

125 ml (½ tasse) de vin blanc

1 échalote hachée

4 feuilles de pâte filo

30 g (2 c. à soupe) de beurre clarifié

1 litre (4 tasses) de lait

2 ou 3 gouttes de Tabasco

5 ml (1 c. à thé) d'herbes salées Bio-Jardins Rocher-Percé ou autre

Poivre du moulin

Roux : 70 g (2 ½ oz) de beurre et 70 g (2 ½ oz) de farine tout usage

Préparation

• Badigeonner de beurre clarifié les feuilles de pâte filo, les plier en deux et les poser dans un moule pour leur donner une forme lors de la cuisson. Enfourner à 180 °C (350 °F) pendant 7 à 8 minutes. Réserver. Pocher légèrement les pétoncles dans le vin blanc et réserver le fond de cuisson pour la sauce. Suer l'échalote au beurre, saupoudrer la farine pour faire le roux.

• Mouiller avec le jus de cuisson des pétoncles et le lait, et laisser cuire pour atteindre la consistance désirée. Assaisonner de poivre, Tabasco et herbes salées. Ajouter les pétoncles et le homard fumé et finir par une légère cuisson.

PRÉSENTATION

Sur un lit de riz, déposer les feuilles de filo et remplir de sauce aux fruits de mer. Coiffer le sommet de micropousses de maïs.

Rosace de saumon farci à la sole et son confit de poireau à l'érable

Une recette présentée par le chef Normand Bond, du Riôtel Percé

Pour 4 personnes

Ingrédients

2 pavés de saumon de l'Atlantique

1 filet de sole

2 oignons verts

80 ml (⅓ tasse) de chapelure de pain

Sel et poivre du moulin

Méthode

• Émincer le pavé de saumon et le réserver. Faire pocher le filet de sole, le refroidir et briser la chair en la défaisant à la fourchette. Ajouter l'oignon vert haché, la chapelure et assaisonner de sel et poivre du moulin. Farcir une bande de pavé du mélange et former une rosace.

Confit de poireau au sirop d'érable

• Émincer le blanc d'un poireau et faire revenir au beurre, puis déglacer au vin blanc et réduire presque à sec. Ajouter 60 ml (¼ tasse) de sirop d'érable et continuer la cuisson jusqu'à consistance désirée.

Présentation

Pocher la rosace dans un fumet, la déposer sur un lit de confit de poires, et accompagner de légumes grillés et d'un petit beurre blanc.

Rose de saumon fumé sur lit de cœur de laitue

Une recette présentée par le chef Normand Bond, du Riôtel Percé

POUR 4 PERSONNES

Ingrédients

350 g (12 oz) de saumon fumé
« Monsieur Émile» de Percé

1 laitue cœur à cœur

Câpres

1 oignon rouge émincé

Huile d'olive

Poivre du moulin

Micropousses de betterave rouge

Préparation

• Former une rose de saumon fumé et la déposer sur la laitue. Ajouter les oignons rouges et les câpres. Assaisonner de poivre et coiffer de micropousses de betterave rouge.

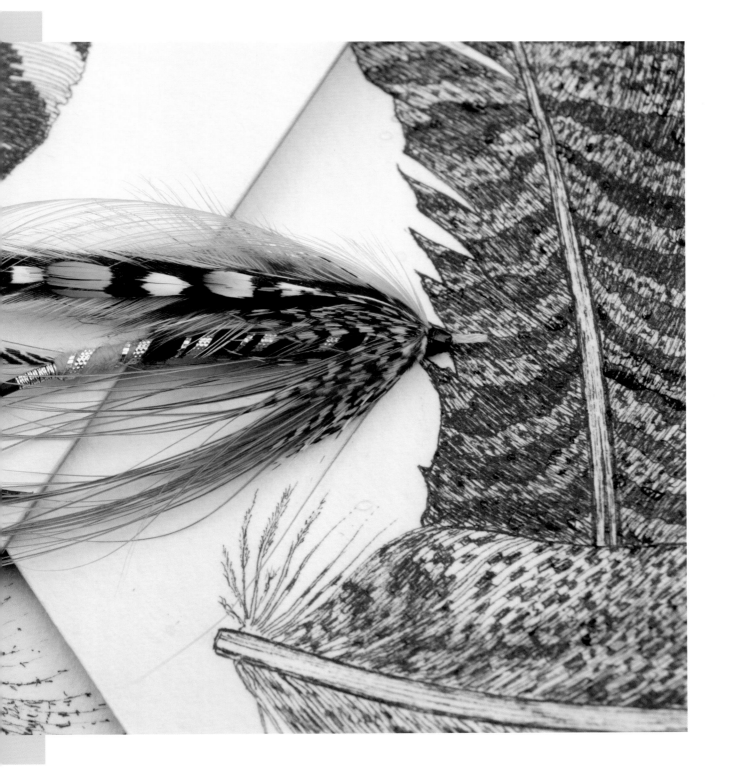

Crédits photographiques

Dave Adams, qui est guide et excellent monteur de mouches de Gaspé, page 87.

Geneviève Fournier, monitrice à l'école de pêche à la mouche de Gaspé, page 89.

Claude Hamel, un saumonier réputé pour sa grande connaissance du saumon, page 33, 127.

Tous les trois sont d'ardents défenseurs de la ressource saumon de l'Atlantique et militent pour la remise à l'eau.

Les bonnes adresses

Destinations Chic-Chocs inc. privilégie la remise à l'eau des grands saumons.

À Sainte-Anne-des-Monts, Destinations Chic-Chocs gère à la fois l'hébergement au Château Lamontagne construit en 1874, le Petit-Saut en chalet rustique, et la Vieille École, une petite école de rang bien aménagée dans la mélancolie du passé.

Le plaisir gastronomique de ces établissements n'a d'égal que la beauté et la qualité de pêche que l'on retrouve sur la rivière Sainte-Anne, un joyau de rivière bénéficiant de l'excellente gestion de l'entreprise.

www.rivieresainteanne.com

Hôtel La Seigneurie des Monts,
Sainte-Anne-des-Monts

Un gîte avec galerie d'art, un restaurant, et une auberge ancestrale de 1864 pourvue de 16 chambres. La Seigneurie des Monts se veut un reflet du patrimoine gaspésien. Située face à la mer sur la route panoramique de Sainte-Anne-des-Monts, La Seigneurie des Monts, plus qu'une auberge… une aventure nature et culture à découvrir !

www.bonjourgaspesie.com

Hôtel Riôtel Percé, Percé

Cet établissement, situé sur la plage, offre 90 chambres, la plupart avec vue sur le Rocher Percé et sur l'île Bonaventure. Son restaurant, « La Bonaventure sur mer », nous offre la cuisine gastronomique de son chef Normand Bond.

www.riotel.com

Hôtel-Motel Chandler, Chandler

Le Motel Chandler offre de la qualité avec ses chambres exécutives et ses suites confortables pour un séjour inoubliable. Son restaurant « P'tit café », avec sa brigade de cuisiniers professionnels, nous offre une cuisine délicieuse et réconfortante. Un incontournable à Chandler, lors de votre passage en Gaspésie.

www.motelchandler.com

Hôtel-Motel Grand-Pré, Bonaventure

Situé aux abords de la Baie des Chaleurs, le motel Grand-Pré est un lieu privilégié, à proximité des principaux attraits touristiques de la Gaspésie.

Sous ses allures de grand hôtel, le Motel Grand-Pré affiche la différence et c'est le rendez-vous des saumoniers fréquentant la rivière Bonaventure.

www.motelgrandpre.com

Fumoir Atkins et frères,

Saint-Maxime-du-Mont-Louis

Une passion : créer et offrir des poissons et fruits de mer fumés de la plus grande qualité, sans concession aucune. Contrairement à la plupart des fumoirs industriels courants dans lesquels la fumée circule verticalement (du bas vers le haut), les fumoirs d'Atkins et frères sont dotés d'un flux horizontal de la fumée, de sorte que cette dernière flatte littéralement les filets posés sur des grilles. Charles et James Atkins sont les propriétaires.

www.atkinsetfreres.com

Fumoir Monsieur Émile, Percé

Alain Méthod, maître fumeur du Fumoir Monsieur Émile, nous offre des produits haut de gamme. Une expérience de plus de 20 ans a permis à cette entreprise de développer des techniques uniques qui se reflètent dans le goût de leur saumon fumé à froid. En affaires depuis 2006, leur produit se distingue par la texture transparente de leur chair et la recherche d'un goût raffiné et accrocheur. Katie Poirier seconde son conjoint dans l'administration du commerce et le nom Monsieur Émile a été donné en l'honneur de leur fils Émile.

www.fumoir-monsieur-emile.com

Fumoir Saint-Antoine, saumon fumé

artisanal, Charlevoix

Au fumoir Saint-Antoine, le saumon fumé est préparé selon une méthode amérindienne traditionnelle sur planchette de bois. N'est utilisé que le saumon de l'Atlantique frais, sans peau, saumuré à sec, légèrement fumé à froid et finement tranché à la main.

Le fumoir est spécialement conçu afin de maximiser toute la valeur nutritive de ce « roi des rivières », ce qui, en bout de ligne... lui donne une texture et un goût fin à saveur unique très recherché par les fins connaisseurs. Johane Roy et Serge Garneau en sont les propriétaires.

www.fumoirstantoine.com

Acadian Sturgeon and Caviar Inc. Esturgeon et Caviar d'Acadie inc.,

Nouveau-Brunswick

L'Esturgeon et Caviar d'Acadie est une entreprise familiale fondée en 2005 par Cornel Ceapa, dont la mission est de produire du caviar et de l'esturgeon canadiens en aquaculture. Deux espèces indigènes sont utilisées, soit l'esturgeon noir (*Acipenser oxyrinchus*) et l'esturgeon à museau court (*Acipenser brevirostrum*). Élever de l'esturgeon demande du temps, voire plus de 10 ans avant la première production de caviar, d'où l'importance de consacrer une partie de l'élevage au repeuplement de l'esturgeon à travers le monde. L'expertise développée ici a grandement contribué à la restauration et à la conservation de l'esturgeon, espèce menacée partout sur la planète. Actuellement, le jeune élevage ne suffit pas à la mise en marché des produits de l'entreprise et les esturgeons noirs sauvages pêchés de façon artisanale et renouvelable dans la rivière Saint-Jean sont utilisés. Ces captures contrôlées renforcissent l'élevage de ces espèces, par la ressource de géniteurs de qualité et l'accumulation de grandes connaissances scientifiques sur l'esturgeon en aquaculture. Depuis quelques années, caviar, esturgeon fumé (en tranches ou filets), pavé d'esturgeon, en provenance du Nouveau-Brunswick, sont vendus partout au Canada. Dorina et Cornel Ceapa en sont les propriétaires.

www.acadian-sturgeon.com

Caviar et huile de homard de Village Bay, Richibucto

Le homard et le crabe sont transformés sur les rives d'une baie d'eau salée où les huîtres sont également cultivées, presqu'à nos portes. Travaillant de près avec les pêcheurs locaux, Village Bay réussit à se procurer les meilleurs produits, avec comme mandat de continuer à préparer les produits de la mer savoureux et frais qui lui ont permis de bâtir sa réputation. Village Bay a récemment instauré, dans son usine, une cuisine de pointe pour la conception de produits sous la direction du chef Pierre Bouriaud, un expert dans la création de produits de fruits de mer gastronomiques pour le commerce et la consommation.

www.villagebay.ca

Crabes et pétoncles de la Coop des pêcheurs de Richibucto, Nouveau-Brunswick

La petite Coop de Richibucto regroupe quelques pêcheurs locaux spécialisés dans la récolte du pétoncle et du crabe tourteau, un pur délice disponible à Cap-Lumière au Nouveau-Brunswick.

Maison BeauSoleil, producteur d'huîtres cocktail BeauSoleil, Néguac

En moins d'une décennie, l'huître de la Maison BeauSoleil est devenue la norme à laquelle se comparent toutes les autres huîtres. Les huîtres BeauSoleil sont maintenant le premier choix des connaisseurs dans le monde entier et avec raison : leur goût. Chaque huître BeauSoleil remplit la bouche d'une saveur douce et légèrement piquante avec une chair pleine et ferme. Elle est simplement délicieuse : goût de salé-sucré avec une touche de fumée ! Demandez les huîtres BeauSoleil de Néguac.

www.maisonbeausoleil.ca

Bioproduits de Sainte-Rita, Sainte-Rita

Situé dans le Haut Pays de la MRC des Basques au Bas-St-Laurent, Bioproduits de Sainte-Rita œuvre dans le domaine des bioproduits, c'est-à-dire des produits issus de la nature. La Coopérative propose un nouveau modèle d'exploitation des ressources d'antan et un retour au savoir-faire et aux connaissances de nos ancêtres. Cette initiative constitue une approche novatrice en matière de développement rural durable. Francine Ouellet en est la présidente.

www.lesbioproduits.com

Florasel, Sainte-Camille

Marie-Andrée Dubois fait la transformation de fleurs comestibles en sels culinaires. Un sel culinaire fait de sel de mer et de fleur de sel, fleurs comestibles, herbes choisies (plusieurs proviennent de ses cultures) et autres ingrédients, sans colorant ni arôme artificiel.

Tél. : 819 828-1224, Sainte-Camille

Fromagerie des Basques, Trois-Pistoles

Après six mois et plus de maturation, le cheddar de la Fromagerie des Basques adopte les caractères remarquables des cheddars mi-forts et forts qui font la réputation des fromagers québécois. Comme chaque cheddar est particulier, celui de la Fromagerie des Basques possède un goût unique, avec une saveur de noisette très agréable.

www.fromageriedesbasques.ca

Les Glaces Ali-Baba

521, route 132 Est, Cacouna (Québec),
Canada, G0L 1G0
Tél. : 418 862-1976
Téléc. : 418 862-9699
(sortie 521 de l'autoroute 20)

Vaisselles

Bernard Bujold, Caplan

Artisan tourneur sur bois de Caplan en Gaspésie, Bernard Bujold produit des assiettes et verres à vin en bois précieux. Sa grande dextérité n'a d'égal que son grand talent de concepteur d'objets d'art, de quoi agrémenter les plaisirs gastronomiques. Lors de votre passage en Gaspésie, vous trouverez ses œuvres à Bonaventure principalement.

Tél.: 418 388-2052

Nathalie Dumouchel, Sainte-Anne-des-Monts

Céramiste de Sainte-Anne-des-Monts en Gaspésie, elle crée des poteries uniques aux couleurs vives. Ses œuvres tournées à la main, toutes différentes les unes des autres, sont des rêves, des fantaisies aux couleurs éclatantes. Au fil des saisons et des marées, ses créations se perfectionnent pour s'enraciner, se nourrir du vent et des montagnes, pour enfin partir à votre rencontre. Une spécialisation en photographie culinaire et une fascination pour la poterie l'ont rapprochée de l'art de la table et des plaisirs gourmands.

www.dumouchelceramiste.com

Atelier du Vieux Rabot, Sainte-Anne-des-Monts

L'Atelier du Vieux Rabot est une entreprise qui se veut un atelier d'ébénisterie complet doté d'une salle de montre pour ses produits. L'atelier produit des meubles ainsi que tout article en bois sur mesure. Visant une gamme de produits que peu d'ateliers peuvent offrir, l'atelier offre le service complet de dessins 3D, production de meubles résidentiels ou commerciaux et éléments architecturaux en bois massif avec sculptures, marqueteries et quincailleries spécialisées. Logé à Sainte-Anne-des-Monts en Gaspésie, David Auclair saura vous communiquer sa passion.

www.vieuxrabot.com

Verre et Bulles, Bonaventure

L'atelier boutique Verre et Bulles, situé à Bonaventure dans la Baie-des-Chaleurs en Gaspésie, est un atelier particulier où l'artiste multidisciplinaire Julie Frappier et son équipe fabriquent des objets en verre thermoformé et fusionné, allant de la vaisselle aux cadres décoratifs, en passant par une collection de bijoux très originaux comme les bagues en argent avec cabochons en verre dichroïque.

www.verreetbulles.com

Chefs participants au livre

Gastronomie & Saumon

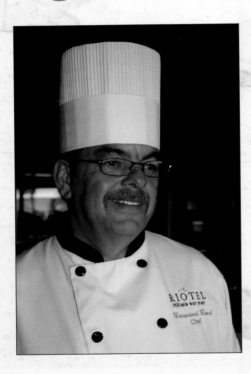

Normand Bond, chef cuisinier

Après sa formation en cuisine professionnelle à Fort-Prével, Normand œuvre dans cette institution pendant six saisons. Puis il se retrouve à l'auberge des Gouverneurs de Gaspé durant cinq ans et retourne un an à Fort-Prével. La gastronomie gaspésienne, il l'a approfondie à Percé où il œuvre depuis 20 ans. Chef au Riôtel de Percé, sa grande expérience a conduit le restaurant « Bonaventure sur mer » de l'hôtel, sur les chemins de la gastronomie depuis 9 ans maintenant.

Pierre-Louis Côté, chef cuisinier au Pavillon Saint-Jean, Gaspé

Il y a bientôt 20 ans à l'auberge Fort-Prével, commençait en 1992 l'aventure de Pierre-Louis Côté dans le monde de la restauration. Au printemps 2000, après quelques années passées dans la Baie-des-Chaleurs, il revient dans sa région natale, Gaspé.

Après avoir travaillé dans quelques restaurants québécois et participé à un stage de trois mois au Château de Pizay dans le Beaujolais, il débute comme chef au Pavillon de la rivière Saint-Jean. Cet endroit, un petit coin de paradis situé sur la rive d'une rivière aux teintes d'émeraude, est depuis son inspiration.

Jean-Marc Dubé, maître glacier

Le maître glacier Jean-Marc Dubé découvre les glaces italiennes en 1985, lors d'un voyage en Italie. C'est à Milan qu'il aperçoit la *gelato* dans les nombreuses *gelaterie* réparties dans toute la ville, ces glaces onctueuses faites à partir d'ingrédients de qualité de la main des maîtres « gélatiers ». Il suit un cours de base à Milan, ce qui lui donne les connaissances nécessaires à la fabrication de la *gelato* qu'il continue d'améliorer par l'expérimentation, dans son laboratoire culinaire. Il est propriétaire des glaces Ali-Baba, une véritable caverne de trésors gourmands située à Cacouna, aux portes de la Gaspésie. Une visite s'impose avant de rejoindre les rivières à saumon.

Ronald Raymond, chef pâtissier et créateur culinaire

Ronald est un explorateur culinaire et un artiste dans l'âme ! Constamment à la recherche de nouvelles saveurs, il a le don de choisir l'ingrédient qui fait toute la différence. Que ce soit près de ses chaudrons ou au milieu des bois, ce chef est créatif et innovateur ; chacun de ses plats est unique et permet de découvrir diverses saveurs. Un chef est un être inspiré et inspirant, qui se soucie du bonheur des autres et transmet sa passion à chaque service. Au fil des ans, il nous a permis de découvrir le plaisir de cuisiner et la joie de partager ces moments privilégiés ensemble.

Monteurs de mouches
et leurs œuvres présentées dans ce livre

Claude Bernard

Claude est moniteur de l'école de pêche à la mouche de la rivière Bonaventure. Guide professionnel depuis plus de trente ans, ses conseils sont très appréciés de ses clients. Il excelle dans le montage de mouches et demeure une figure légendaire de la rivière Bonaventure.

GRENADE DE TYPE SPEY, page 39. Création de Claude Bernard en 2005 et montage de Claude Bernard.

Alain Bogdan

ARA, page 124. Création et montage d'Alain Bogdan. Cette belle artificielle avec ses plumes rares et exotiques nous invite à partir en migration comme le fait *Salmo salar*.

ARA ARGENTÉE, page 125. Création et montage d'Alain Bogdan.

DURHAM RANGER, (En haut) page 140. Montage d'Alain Bogdan. Cette artificielle plaît par l'équilibre de son montage. Une artificielle du fameux créateur de mouches victoriennes des années 1860, James Wright.

JUDITH, (Au milieu à gauche) page 140. Création et montage d'Alain Bogdan, un hommage à son épouse.

MERCURY, page 120. Superbe montage d'Alain Bogdan d'une création de Dorothy Douglass.

MOONLIGHT, page 106. Cette artificielle, que l'on retrouve dans le livre de T.E. Pryce-Tannatt, de 1914, est un montage d'Alain Bogdan.

PINK GHOST, pages 142. Création de Paul Rossman. Ce montage Spey d'Alain Bogdan resplendit par son élégance et ses couleurs lumineuses.

Jacques Juneau

LA JOUNO, page 55. Création et montage de Jacques Juneau.

JUNEAU SMELT, page 54. Création et montage de Jacques Juneau.

Marc Leblanc

Marc est un grand artiste de la pêche à la mouche et ses performances en font sans contredit le champion dans son domaine. Ses montages de mouches sont des chefs-d'œuvre de création et savent séduire *Salmo salar*. Un guide exceptionnel très recherché pour ses grandes connaissances du saumon et de son habitat, et autant pour sa compétence de pêcheur. Ses rivières préférées sont la Grande-Cascapédia et la Petite-Cascapédia.

ALDO SALMO, (Au milieu à droite) page 140. Création et montage de Marc Leblanc, une SPEY QUÉBÉCOISE aux couleurs du précieux métal gaspésien, le cuivre.

BLUE SANDY, (En bas) page 141. Montage de Marc Leblanc, cette artificielle créée par Marc à la naissance de son fils Alexandre alors qu'il a 33 ans, a reçu son nom de Mme Carmelle Bigaouette, le mentor de Marc.

BONNE-AVENTURE, page 37. Création et montage de Marc Leblanc. La mouche Bonne-Aventure, version en plumes, fut créée en 1994 pour le concours de la FQSA en demande de la ZEC Bonaventure. L'artificielle aux ailes mariées est de toute beauté et je la considère comme un chef-d'œuvre de création québécoise. Le montage Spey, présenté ici, est des plus productifs sur les rivières à saumon de la Gaspésie.

GREEN HIGHLANDER SPEY, page 67. Dans cette création et ce montage de Marc Leblanc, on découvre un nouveau style de montage que je qualifie de SPEY QUÉBÉCOISE.

GREEN SPEY, page 91. Création et montage de Marc Leblanc, une belle artificielle que je qualifie de SPEY QUÉBÉCOISE.

LA PICASSE, (En haut) page 141. Création et montage de Marc Leblanc.

RALLYE, page 21. Cette création et ce montage de Marc Leblanc, à l'origine avec ailes en plumes, est présentée ici dans la version avec ailes en poils, un nouveau style de montage que je qualifie de DEE QUÉBÉCOISE.

SOFT TRIGGER SPEY, (En bas) page 140. Création et montage de Marc Leblanc.

Michel Leblanc

BLACK DOG, page 116. Présenté par George Mortimer Kelson dans son livre *The Salmon Fly*, ce montage est de Michel Leblanc.

BLUE GHOST, page 23. Création et montage de Michel Leblanc. Cette artificielle dévoile le génie de nos monteurs québécois.

FLOOD TIDE, page 47. Cette artificielle, dite « Eagles » de style Dee, est montée avec une plume duveteuse d'aigle. Un splendide montage de Michel Leblanc.

GREEN HYLANDER, page 80. Ce magnifique montage de Michel Leblanc est une mouche classique indispensable pour séduire *Salmo salar*.

JUNGLE HERON, page 123. Montage de Michel, dans le style Dee.

LA TOUCHE, page 22. Création et montage complexe de Michel Leblanc.

Alain Lemieux

BLACK DOSE SPEY (En haut à droite de la photo), page 75. Création et montage d'Alain Lemieux.

GREEN HIGHLANDER SPEY (En bas sur la photo), page 75. Création et montage d'Alain Lemieux.

LADY RUELLAND, page 82. Cette artificielle fut créée et baptisée par Alain Lemieux en 1994, en l'honneur de Mme Ruelland, la mère de Pierre. Les Ruelland, père et fils, possédaient le camp de pêche « Horse Island Camp » sur l'Île du Cheval, qui sépare la rivière Grande-Cascapédia à la hauteur du village de Cascapédia. Par le passé, cette île était habitée et on y cultivait la terre. Cette artificielle a permis la capture de saumons de plus de 40 livres à Pierre Ruelland et Alain Lemieux. Le père, Léo Ruelland (créateur de la Ruelland Special), avait souvent comme compagnon de pêche, le fameux Lee Wulff. Ici un montage d'Alain Lemieux.

RUELLAND SPEY (En haut à gauche de la photo), page 75. Création et montage d'Alain Lemieux.

TORRISH, page 28. Création du major J. H. Hale, cette artificielle montée par Léo Ruelland, ancien propriétaire du « Horse Island Camp » sur la Grande-Cascapédia. En juillet 1977, cette artificielle a permis la capture d'un saumon d'environ 30 livres dans la fosse « Moen ». Alain Lemieux l'a conservée et la voici.

Si vous désirez découvrir les parures de certaines de ces mouches, nous vous invitons à consulter le site internet suivant : www.dusommet.com

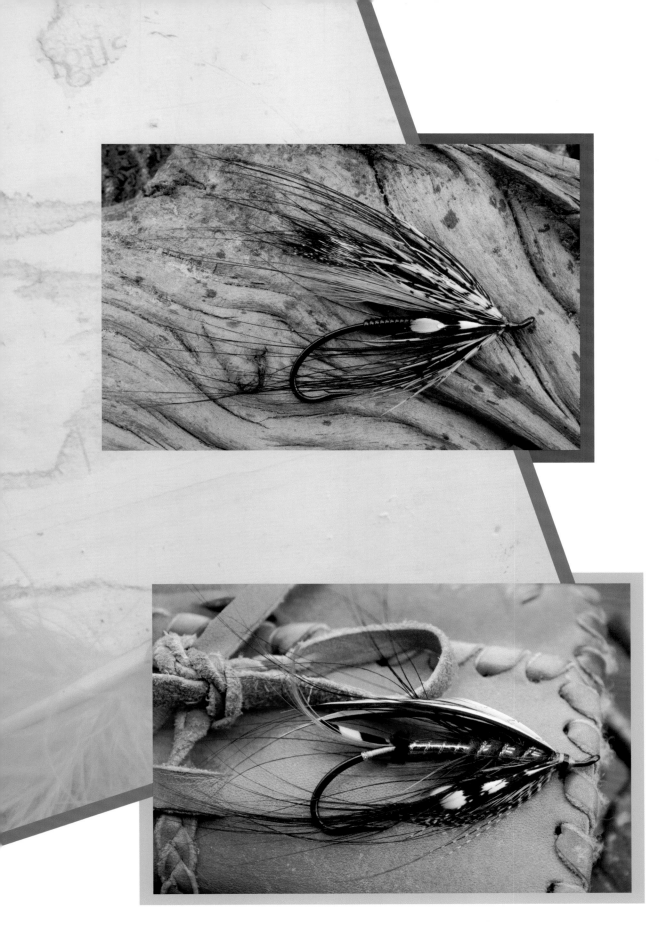

LE SAUMON

How to
Dress
Salmon
Flies

— E. Pryce-
Tannatt

FLY TYING FOR SALMON

Table des matières